AF563001

A LA NATION SUR LE JUGEMENT DE LOUIS XVI.

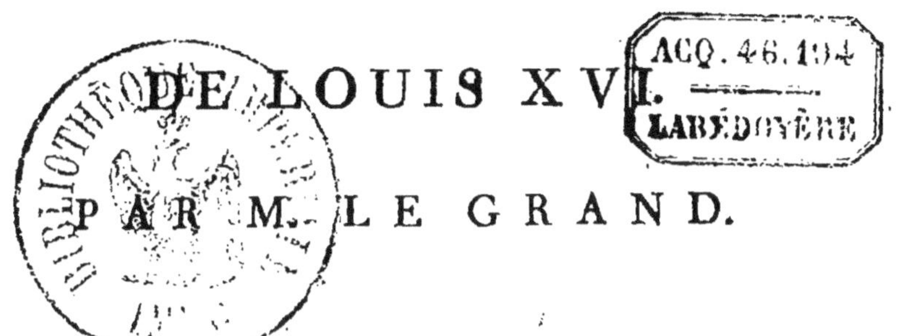

PAR M. LE GRAND.

A PARIS,
CHEZ les Marchands de nouveautés.

1793.

A LA NATION, SUR LE JUGEMENT DE LOUIS XVI.

QUELLE ſera donc l'iſſue de cet injuſte procès ? ſera-ce le triomphe de la vertu, ou celui de l'iniquité ?

La mauvaiſe foi et la ſéduction réuſſiront-elles à atténuer les moyens de défenſe de Louis XVI, & à retenir le peuple dans cette erreur funeſte qui l'a rendu criminel à ſes yeux ?

Louis XVI, retranché dans les bornes étroites d'une conſcience pure, ne réclame point l'inviolabilité, dont ſa perſonne a été inveſtie par la conſtitution. L'innocence qu'il oppoſe à l'abſurdité des chefs d'accuſation, lui eſt plus chère que ce droit que ses ennemis lui conteſtent ; mais la nation ſera trop juſte pour le lui ravir ; il le tient d'elle, comme ſon repréſentant héréditaire; & ſans ce droit, la puiſſance qu'elle lui avoit déléguée auroit été illuſoire.

Cette inviolabilité ayant un caractère indélébile doit ſuivre Louis XVI après ſa déchéance ou ſon abdication préſumée, rien ne peut en arrêter l'effet ; et la détention de Louis XVI, ainſi que le procès qui lui eſt intenté, en ſont une violation manifeſte.

Vous qui vous êtes emparés du glaive de la loi & du trône, pour faire ſervir l'un à votre ambition criminelle, l'autre à vos vengeances; ſi, contre tous les principes de juſtice, vous voulez abſolument juger Louis XVI, vous ne pouvez le conſidérer que comme roi des Français, ou comme citoyen ; ſi vous le conſidérez comme roi, l'inviolabilité eſt la ſauve-garde de ſa perſonne, & la déchéance la ſeule peine que la loi vous permet de prononcer contre lui s'il eſt coupable. Si vous le conſidérez comme citoyen, quels ſont ſes crimes ? Mais en aboliſſant la royauté, vous avez déjà prononcé, par le fait, ſur la première propoſition; répondez donc ſur la ſeconde, ſi vous le pouvez.

Votre acharnement contre la perſonne de Louis, car ce n'eſt plus la royauté que vous redoutez en lui, puiſque vous l'avez abolie, & la ſoif du ſang royal qui vous brûle, vous mettent dans d'étranges contradictions avec vous-mêmes.

Lorsqu'on vous propose de renvoyer Louis XVI au jugement du peuple, vous oubliez que vous avez dit que le peuple l'avoit déjà jugé par son insurrection, & aujourd'hui, pour décliner plus ouvertement la jurisdiction, vous objectez que le peuple accuse lui-même Louis XVI; mais vous vous dissimulez que la royauté étoit abolie; que Louis XVI étoit au Temple, avant que la nation fût instruite de la journée du 10 août, qui a si bien couronné du succès vos complots contre la royauté & contre la personne de Louis XVI.

Il est donc évident que le peuple n'est pas l'accusateur de Louis XVI, puisqu'il n'a pu être instruit que par vous des prétendus crimes dont il est accusé; & que vous, ses accusateurs, vous ne pouvez être ses juges.

Mais peu vous importe, vous renversez les principes comme le trône; & vous vous persuadez que Paris représente la France, comme vous la nation.

Vous vous faites la maxime atroce qu'une grande révolution doit être couronnée par un grand exemple; mais vous ne réfléchissez pas, que pour être utile au peuple, servir l'humanité, que tant d'excès déshonorent, il faudroit que cet exemple tombât sur tous ceux qui, souillés de crimes, se mettent au-dessus des loix.

C'est en vain que, par une hypocrite compassion, mais pour le succès de vos criminels desseins, vous invoquez les mânes des malheureuses victimes du 10 août : si elles pouvoient se faire entendre, elles vous reprocheroient hautement vos atroces séductions, elles diroient au peuple abusé, que ce n'est qu'à votre instigation que les citoyens des faux-bourgs se sont armés contre l'autorité paisible & constituée des Tuileries ; que tout étoit tranquille dans Paris à cette malheureuse époque, excepté là où vos perfides émissaires portoient l'épouvante par d'insidieux récits, sur un danger & des projets imaginaires : ces mânes vous redemanderoient le sang que vous n'avez pas craint de farie verser, de part & d'autre, pour arriver à votre but. Mais que ne vous reprocheroient pas encore celles des massacres des 2 & 3 septembre, & tant d'autres. *Mandat*, qui commandoit alors la garde du roi, *vous montreroit l'ordre par écrit, & signé* Pétion, *de repousser la force par la force* ; preuve que les Tuileries étoient menacées de la violence qu'a éprouvée ce respectable domicile du représentant de la nation.

Vous prévoyez, ſans doute, quelles ſeroient les ſuites du renvoi de Louis XVI au jugement du peuple ; qu'alors votre injuſtice, l'excès de vos prétentions mis au grand jour, provoqueroient contre vous-mêmes cette puiſſance populaire, dont vous avez tant abuſé, & dont vous ne vous entourez que pour des forfaits ; qu'enfin, la nation, revenue de ſon aveuglement par le ſentiment des maux de tout genre qui l'affligent, ne verroit plus que, dans un grand nombre de ceux qu'elle avoit choiſis pour la repréſenter, les tyrans par leur uſurpation, les deſpotes par les vexations & les cruautés exercées contre les citoyens, & les véritables traîtres à la patrie, par l'abus criminel d'un pouvoir ſur lequel elle avoit fondé la reſtauration de la France, ſa proſpérité & le bonheur public.

Vos craintes, au ſurplus, font honneur à la Nation françaiſe ; car ſi les citoyens trompés par les ſéductions de tout genre, avoient de la peine à revenir de leur erreur ; le retour de la vérité éclaireroit leur juſtice & leur conſcience, & cette ſalutaire lumière, offerte par la vertu, ne ſeroit plus obſcurcie par des crimes.

Ne vous flattez donc pas que la nation vous croie ſur votre parole, dans une affaire auſſi importante, où ſon honneur eſt compromis, ni qu'il vous ſuffiſe de lui livrer Louis XVI, comme à l'interprête de vos volontés, & l'exécuteur de votre vengeance. Si vos noires calomnies, vos inſidieux moyens de ſéduire les eſprits, ont pu, pour quelque tems, ternir ſes vertus, la nation Françaiſe, ſenſible, généreuſe, ſera juſte en même-tems; elle reſpectera l'inviolabilité de ſon repréſentant comme un droit; elle trouvera ſon innocence dans la conviction de vos complots, de vos attentats, & ſi elle porte un jugement, ce ſera ſur la royauté que vous avez calomniée, que vous avez abolie de votre autorité, & ſans conſulter ni ſa volonté ni ſon intérêt; c'eſt alors que Louis XVI reparoîtra, aux yeux des tous les Français, tel qu'il eſt, & tel qu'il étoit lorſqu'il fut proclamé père du peuple & le reſtaurateur de la France.

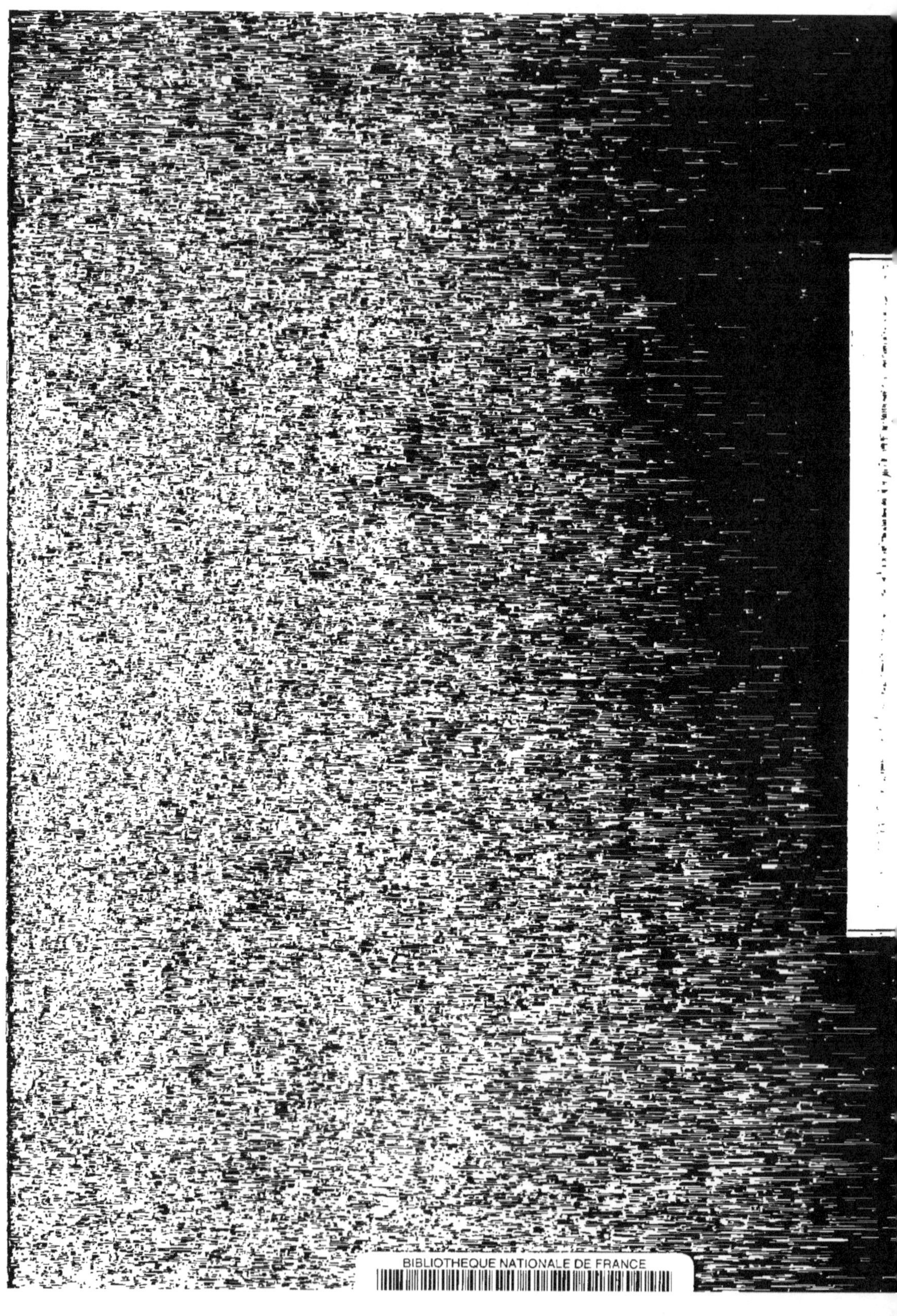
BIBLIOTHEQUE NATIONALE DE FRANCE

www.ingramcontent.com/pod-product-compliance
Lightning Source LLC
LaVergne TN
LVHW010330230826
846091LV00009B/3798